JASMIN SCHLAICH

SPEED Baking

SCHNELLE KUCHEN
UND DESSERTS

VORWORT

Ob unerwarteter Besuch oder spontaner Kuchenhunger – manchmal muss es einfach schnell gehen. Daher haben die Kuchen und Desserts in diesem Buch den Turbogang eingelegt und sind in maximal 40 Minuten auf dem Tisch – und das ganz ohne Backmischungen! Und dank Schnelligkeitstipps, Backhacks und raffinierten Zutaten sind extraschnelle Leckereien zum Verlieben garantiert. So schmeckt Liebe auf den ersten Biss!

Ob Biskuit-Rolle oder Lava Cake, ob Klassiker oder Neuinterpretation, ob geschichtet, gestapelt oder gerollt, ob mit Backofen oder ohne – hier ist für jeden Geschmack und jedes Zeitfenster etwas Passendes dabei!

Also, worauf wartest du noch? Auf die Schneebesen, fertig, los!

Viele schnelle Glücksmomente wünscht euch

Jasmin

iNHALT

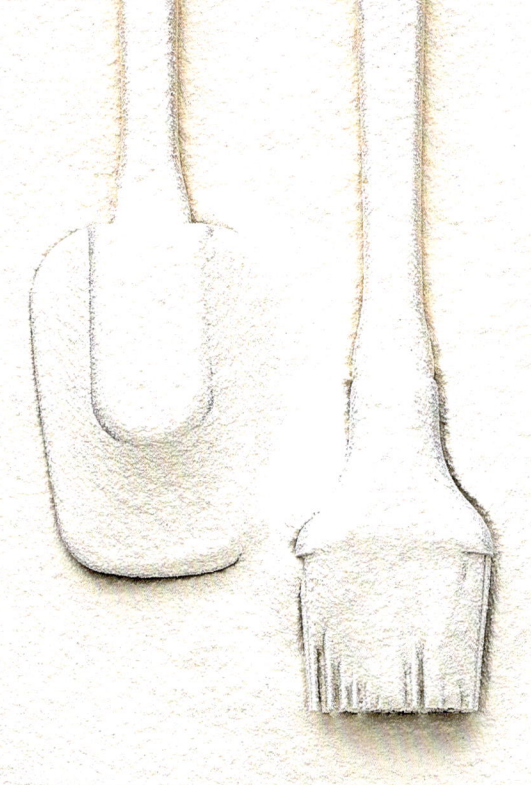

REZEPTE iN 10-20 MiNUTEN

REZEPTE iN 20-30 MiNUTEN

ZUBEREITUNGSZEIT
AUF EINEN BLICK

♥ ♥ ♥

SCHWIERIGKEITSGRADE

♥ ♥ ♥ Leicht
♥ ♥ ♥ Mittel
♥ ♥ ♥ Anspruchsvoll

REZEPTE IN 30-40 MINUTEN

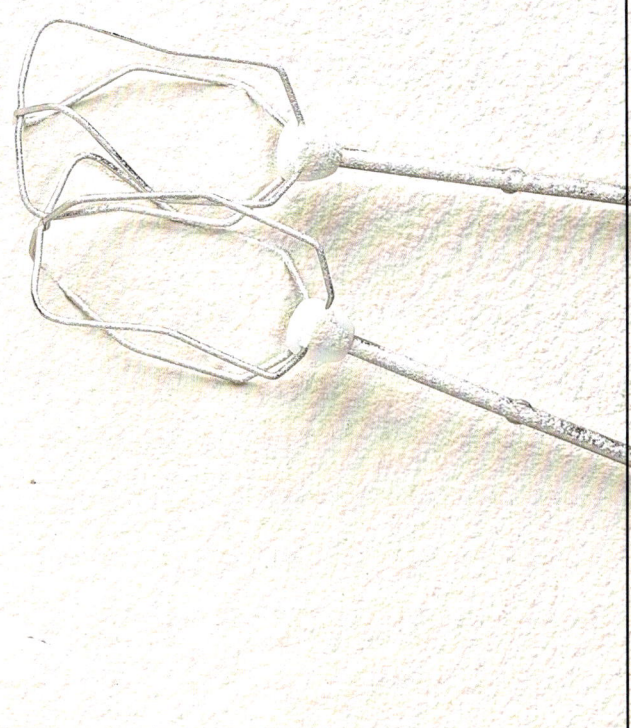

GRUNDREZEPTE

Manche Zutaten eignen sich besonders gut für schnelle Backrezepte.
So erhält man aus Butterkeksen oder Schoko-Crossies ratzfatz einen
Kuchenboden oder eine Lage fürs Schichtdessert. Popcorn und Baiser sind
ein super Topping und Vanilleeis passt sowieso zu (fast) allem. Wer es
besonders eilig hat, kann diese Grundzutaten natürlich auch fertig einkaufen.
Die selbst gemachten Varianten halten sich meist mehrere Wochen.

Vanilleeis

Das gewisse Etwas zu fast jedem Rezept und
nicht umsonst die beliebteste Geschmacksrich-
tung der Deutschen.

ZUTATEN

- 6 ganz frische Eigelb (Größe M)
- 130 g Zucker
- 1 Prise Salz
- 2 Vanilleschoten
- 300 ml Vollmilch
- 300 g Sahne

ZUBEREITUNG

Die Eigelbe mit Zucker und Salz schaumig aufschlagen.
Vanilleschote halbieren, das Mark herauskratzen und
zusammen mit der Milch und der Sahne in einem Topf
erhitzen.

Topf vom Herd ziehen und die Ei-Zucker-Mischung langsam unterrühren. Erneut erhitzen, aber nicht kochen.
Dann im Kühlschrank komplett kalt werden lassen. Die
Vanilleschote entfernen und die Masse in eine Eismaschine
geben. Dann einfrieren.

Butterkekse

Dieser Keks-Klassiker ist wunderbar vielfältig und eignet sich hervorragend als No-Bake-Kuchenboden, Lage in Schichtdesserts oder knuspriges Topping.

ZUTATEN

- 250 g Mehl + etwas zum Ausrollen
- ½ TL Backpulver
- 150 g Butter (zimmerwarm)
- 125 g Zucker
- 1 Ei (Größe M)

ZUBEREITUNG

Das Mehl zusammen mit dem Backpulver in eine Schüssel geben. Butter in Würfel schneiden und zusammen mit Zucker und Ei zum Mehl geben. Mit den Händen zu einem glatten Teig kneten. Den Teig etwa 30 Minuten kalt stellen.

Den Backofen auf 180 °C Ober- und Unterhitze vorheizen und ein Blech mit Backpapier auslegen. Dann den Teig in 4 Portionen teilen und auf einer bemehlten Fläche etwa 0,5 cm dick ausrollen. Nach Belieben Kekse ausstechen. Diese auf das Backblech legen und auf mittlerer Schiene 10 Minuten backen. Aus dem Ofen nehmen und abkühlen lassen. In einem luftdicht verschließbaren Behälter sind die Kekse bis zu 3 Monaten haltbar.

Popcorn

Frisches Popcorn sorgt im Kino oder beim Filmeabend für ausreichend Knabberspaß. Hier wird es als knackiges Topping oder zusammen mit Schokolade als Kuchenboden verwendet.

ZUTATEN

- 1 EL neutrales Öl
- 50 g Popcornmais

ZUBEREITUNG

Zuerst das Öl, dann den Popcornmais in einen großen Topf mit Deckel geben. Auf den Herd stellen, Deckel verschließen und den Herd auf die höchste Stufe stellen. Sobald der erste Mais poppt, auf mittlere Hitze regulieren und warten, bis fast alle Maiskörner zu Popcorn wurden. Luftdicht verschlossen hält sich das Popcorn bis zu 6 Wochen.

Baiser

Das, was die Franzosen als »Kuss« bezeichnen, kennt man international auch unter dem Namen »Meringue«. Dieses Schaumgebäck besteht zwar nur aus sehr wenigen Zutaten, verleiht Desserts jedoch den letzten Schliff!

ZUTATEN

- 2 Eiweiß (Größe M)
- 1 Prise Salz
- 60 g Zucker
- 1 TL Speisestärke

ZUBEREITUNG

Das Eiweiß zusammen mit dem Salz aufschlagen. Sobald es anfängt fest zu werden, weiterschlagen und den Zucker sowie die Speisestärke ganz langsam hineinrieseln lassen. Erneut mindestens 10 Minuten schlagen, damit sich der Zucker vollständig auflöst.

Ein Backblech mit Backpapier auslegen und den Backofen auf 100 °C Ober- und Unterhitze vorheizen. Die Baisermasse in einen Spritzbeutel geben. Große oder kleine, aber zumindest gleich große Baisers auf das Blech spritzen, damit eine ähnliche Trockzeit gewährleistet werden kann.

Auf der mittleren Schiene im Backofen 60 bis 90 Minuten trocknen lassen. Sie sollten sich leicht vom Backpapier lösen, aber nicht braun sein. Kühl und trocken gelagert sind die Baisers mehrere Wochen haltbar.

Erdnusscreme

Dieser nicht ganz kalorienarme Klassiker aus den USA ist immer eine Sünde wert – ob als Füllung für Kuchen und Trüffel oder als Zutat im Teig.

ZUTATEN

· 250 g Erdnusskerne
· 30 ml Erdnussöl
· 1 EL Honig
· Salz (nach Belieben)

ZUBEREITUNG

Die Erdnüsse in einer Pfanne anrösten. Dann zusammen mit dem Erdnussöl und dem Honig in einem Food Processor oder Mixer so lange zerkleinern, bis die Erdnusscreme die gewünschte Konsistenz hat. Nach Belieben salzen. In ein Glas mit Schraubverschluss füllen und gut verschließen. So hält sich die Erdnusscreme etwa 2 Monate.

Schoko-Crossies

Dunkle Schokolade trifft auf knusprige Cornflakes. Schoko-Crossies lassen sich ähnlich wie Butterkekse als Boden, Dessert-Schicht oder als Topping verwenden.

ZUTATEN

· 200 g Zartbitterschokolade
· 100 g Cornflakes

ZUBEREITUNG

Die Zartbitterschokolade in einer großen Schüssel über dem heißen Wasserbad schmelzen. Inzwischen ein Backblech mit Backpapier auslegen. Sobald die Schokolade geschmolzen ist, vom Wasserbad nehmen und die Cornflakes vorsichtig untermischen. Mit zwei Teelöffeln aus der Schoko-Cornflakes-Masse kleine Häufchen auf das Backpapier setzen. Vollständig trocken lassen. Hält luftdicht verschlossen bei Zimmertemperatur etwa 3 Wochen.

BACKHACKS

#1: Schokolade gehackt lagern

Manchmal hat man einfach keine Zeit zum
Schokoladehacken. Schneller geht's, wenn
die Backschokolade nach dem Kauf gleich
zerkleinert und fertig zur Verwendung
aufbewahrt wird.

#2: Papierteller als Spritzschutz

Keinen Spritzschutz zum Sahneschlagen zur Hand?
Einfach die Rührbesen des Handrührgeräts zuerst
durch einen Pappteller stecken und erst dann ins
Handrührgerät. So bleibt alles sauber!

#3 Zimmerwarme Butter

Im Rezept steht zimmerwarme Butter, deine
ist aber noch eiskalt? Dann die Butter in Stücke
schneiden und auf einen Teller legen. Anschließend eine ausreichend große Alu- oder
Glasschüssel mit kochendem Wasser
ausspülen, über die Butter stülpen, kurz
warten, fertig.

#4 Eierschalen im Teig

Wer kennt das nicht? Einmal nicht aufgepasst
und schwupps, fällt ein Stück Eierschale in die
Eiermasse oder den Teig! Keine Panik, denn die
Rettung liegt im wahrsten Sinne des Wortes auf
der Hand: Mithilfe des größeren (und stabileren)
Eierschale in der Hand lässt sich das verlorene
Stück leicht herausfischen.

#5: Rum statt Backpulver

Kein Backpulver parat? Eine Packung
Backpulver lässt sich auch wunderbar durch 2–3 Esslöffel weißen Rum
ersetzen. Doch Vorsicht, wenn Kinder
oder Schwangere mitessen!

#6: Rechenhilfe

Du besitzt zig Backformen, aber ausgerechnet die im Rezept verwendete ist nicht mit dabei? Dann hilft dir vielleicht diese Tabelle zum Anpassen der Teigmenge weiter:

Größe	28 cm	26 cm	24 cm	22 cm	20 cm
Faktor	x 1	x 0,86	x 0,73	x 0,62	x 0,51

#7: Schlagsahne steif schlagen

Die Sahne wird einfach nicht steif? Dann ist sie wahrscheinlich zu warm! Daher die Sahne erst so spät wie möglich aus dem Kühlschrank nehmen oder alternativ kurz vor der Verwendung 5 Minuten ins Gefrierfach stellen. Eiskalt wird sie garantiert fest und schön luftig.

#8: Eier trennen

Dieses verflixte Eiertrennen! Schneller
und einfacher geht's mit einer leeren
Plastikflasche. Eier vorsichtig in eine
Schüssel aufschlagen, die Flasche
zusammendrücken und dann das Eigelb
mithilfe des Unterdrucks »einsaugen«.

#9: Springformboden mit Backpapier auslegen

Das Eckige muss ins Runde? Mit diesem einfachen Trick kein Problem!
Dazu das eckige Backpapier zuerst zweimal mittig und dann zu einem
Dreieck falten. Die Spitze des Dreiecks in die Mitte der Springform
legen und das Backpapier auf den jeweiligen Radius zuschneiden. Auf-
falten und die Springform passgenau auslegen.

#10: Frischeprobe bei Eiern

Ist das Ei noch frisch? Dazu ein Glas mit
Wasser füllen und das Ei hineingleiten lassen.
Bleibt es am Boden, haben sich keine Gase im
Ei entwickelt und es ist noch frisch. Schwebt
es leicht über dem Boden oder neigt sich eine
Seite mehr nach oben – weg damit!

Expressrezepte
ZWISCHEN 10 UND 20 MINUTEN

WENN DIE GÄSTE
QUASI SCHON
AM TISCH SITZEN,
DANN SIND DIESE
EXPRESSREZEPTE
IDEAL!

Cookies & CREAM

Wer »Kalter Hund« mag, wird diese Variante mit dunklem Schokokeks, cremiger Füllung und weißer Schokolade lieben!

ZUTATEN

Für 10 Stücke

- ♥ 300 g weiße Schokolade
- ♥ 350 g Schokoladenkekse mit Vanillecreme-Füllung

ZUBEREITUNG

1 Für die »Cookies & Cream«-Schnitten zuerst die weiße Schokolade grob zerkleinern und über einem Wasserbad schmelzen.

2 Inzwischen die Schokoladenkekse mit den Händen grob zerkleinern und in eine Schüssel geben. Eine Auflaufform (ca. 10 x 20 cm) mit Backpapier auslegen.

3 Die geschmolzene Schokolade zu den Keksen geben, zügig vermischen und dann in der Auflaufform verteilen. Die Mischung für etwa 5 Minuten im Gefrierfach fest werden lassen.

4 Die Cookies-Mischung aus dem Gefrierfach nehmen und mithilfe eines scharfen Messers in 10 Stücke schneiden. Am besten innerhalb einer Woche verzehren.

Schneller TIPP

Noch schneller geht's, wenn man die Schokolade in der Mikrowelle schmilzt. Aber Achtung: Besser in Intervallen schmelzen, da die Schokolade sonst leicht anbrennt.

Himbeer-
CREME

Dieses sahnig-fruchtige Dessert aus luftigem Baiser und süßen Himbeeren ist dank der Tiefkühlvariante das ganze Jahr über ein himmlischer Genuss.

ZUTATEN

Für 4–6 Portionen

- 600 g Himbeeren (frisch oder TK)
- 300 g Sahne
- 2 Päckchen Vanillezucker
- 1 Päckchen Sahnesteif
- 150 g Magerquark
- 100 g Baiser (Fertigprodukt oder siehe Grundrezept S. 8) + etwas zur Dekoration

ZUBEREITUNG

1 Zuerst die Himbeeren mit 3 EL Wasser in einen Topf geben und aufkochen lassen. Dann bei mittlerer Hitze 3 Minuten köcheln lassen. Den Topf anschließend vom Herd nehmen und die Himbeeren kurz abkühlen lassen.

2 Inzwischen die Sahne mit dem Sahnesteif und dem Vanillezucker steif schlagen. Den Magerquark unterrühren. Die Baisers grob zerkleinern und unter die Sahne-Quark-Creme heben.

3 Die Hälfte der Sahne-Quark-Mischung auf 4 bis 6 Gläser (200 ml) verteilen, die Himbeeren darübergeben und zum Schluss die restliche Sahne-Quark-Mischung verteilen. Mit Baiser-Krümel dekorieren und sofort servieren.

19

Eis-
SANDWICHES

**Nicht nur für Kinder: Mit nur 2 Zutaten
zur leckeren Kindheitserinnerung.**

ZUBEREITUNGSZEIT
10 MINUTEN

♥ ♥ ♥

ZUTATEN

Für 6 Portionen

♥ 12 runde American Cookies

♥ 1 Packung Eis nach Be-
lieben (Fertigprodukt oder
siehe Grundrezept S. 6)

ZUBEREITUNG

Für die Eis-Sandwiches die Cookies bereitlegen. Das
Eis aus dem Gefrierfach nehmen und mit einem Eis-
löffel je 1 Kugel auf die Hälfte der Cookies geben. Mit
der anderen Hälfte bedecken und zusammendrücken.

Entweder sofort verzehren oder im Gefrierfach für
einige Tage lagern.

Mango-Käsekuchen im Glas

**ZUBEREITUNGSZEIT
15 MINUTEN**

♥ ♥ ♥

Mango trifft auf Frischkäse und verwandelt sich in 15 Minuten in ein Sommerdessert zum Verlieben.

ZUTATEN

Für 4–6 Portionen

- ♥ 100 g (Vollkorn-)Butter-kekse (Fertigprodukt oder siehe Grundrezept S. 7)
- ♥ 300 g Frischkäse (Doppelrahmstufe)
- ♥ 200 g Magerquark
- ♥ 2 EL Agavendicksaft
- ♥ 2 reife Mangos

ZUBEREITUNG

1 Für das Dessert die Butterkekse mithilfe eines Blitzhackers oder Nudelholzes zerkleinern und, je nach Größe, in 4 bis 6 Gläser (200 ml) füllen.

2 Den Frischkäse mit dem Magerquark und dem Agavendicksaft zu einer cremigen Masse verrühren und auf der Butterkeks-schicht verteilen.

3 Die Mangos schälen, das Fruchtfleisch in kleine Stücke schnei-den und pürieren. Das Püree in die Gläser geben. Am besten sofort servieren.

Banana-SPLiT

Dieses Dessert aus Banane und Schokolade weckt Kindheitserinnerungen und macht Lust auf Sommer.

ZUTATEN

Für 6 Portionen

- 400 g Sahne
- 2 Päckchen Sahnesteif
- 200 g griechischer Joghurt
- 100 g Schoko-Cookies
- 2 Bananen
- 300 g Schoko-Crossies (Fertigprodukt oder siehe Grundrezept S. 9)
- Bananenchips

ZUBEREITUNG

1 Die Sahne mit dem Sahnesteif steif schlagen und den Joghurt kurz unterrühren. Die Cookies grob zerkleinern und ebenfalls unter die Sahne-Joghurt-Creme mischen. Die Bananen in Scheiben schneiden.

2 Zuerst eine Schicht Schoko-Crossies auf 6 Gläser (200 ml) verteilen, dann die Hälfte der Sahne-Joghurt-Creme darübergeben und die Hälfte der Bananenscheiben darauf verteilen. Schoko-Crossies darauf geben und mit der restlichen Sahne-Joghurt-Creme bedecken.

3 Die übrig gebliebenen Bananenscheiben obenauf verteilen und ggf. noch mit Bananenchips dekorieren. Sofort servieren.

Melonen-
DONUTS

**Bei diesen gesunden Donuts aus frischer Melone und leicht gesüßtem
Frischkäse darf der Ofen auch mal kalt bleiben.**

ZUTATEN

Für 12 Stück ♥ Glutenfrei

- ♥ 1 kleine Wassermelone
- ♥ 200 g Frischkäse (Doppelrahmstufe)
- ♥ 1 EL Honig oder Agavendicksaft
- ♥ Frische Beeren und Zuckerperlen zur Dekoration

ZUBEREITUNG

1 Die Melone in ca. 1 cm dicke Scheiben schneiden. Mithilfe von Dessertringen oder Schnapsgläsern 12 »Donuts« ausstechen.

2 Den Frischkäse zusammen mit dem Honig oder Agavendicksaft cremig schlagen und als Frosting auf den fruchtigen Donuts verteilen.

3 Zum Schluss mit Zuckerperlen oder Beeren dekorieren. Sofort servieren.

Schneller TIPP

Wer keine Zeit zum Ausstechen hat, kann natürlich auch nur einzelne Stücke mit Frosting bestreichen und servieren.

Heidelbeer-Baiser-DESSERT

**ZUBEREITUNGSZEIT
15 MINUTEN**

♥ ♥ ♥

**Liebe auf den ersten Biss.
Schneller geht's nicht.**

ZUTATEN

Für 10 Portionen ♥ Glutenfrei

- ♥ 200 g Sahne
- ♥ 1 Päckchen Sahnesteif
- ♥ 150 g Heidelbeerkonfitüre
- ♥ 300 g Baiser (Fertigprodukt oder siehe Grundrezept S. 8)
- ♥ Minze und Thymian zur Dekoration

ZUBEREITUNG

1 Die Sahne mit dem Sahnesteif steif schlagen. Die Konfitüre glatt rühren.

2 Die Baisers grob zerkleinern und in einer Auflaufform verteilen.

3 Schlagsahne und Heidelbeerkonfitüre nach Belieben über dem Baiser verteilen. Zum Schluss mit Minze und Thymian dekorieren und sofort servieren.

29

Schneller
TiPP
Wer keine Zeit zum Würfeln
der Äpfel hat, kann sie auch
im Handumdrehen mit
einer Reibe
zerkleinern.

Bratapfel-DESSERT

Wenn die Tage kürzer werden und der Winter Einzug hält, versüßt dieses Bratapfel-Dessert jeden Regentag.

ZUTATEN

Für 4 Portionen

- ♥ 350 g Äpfel
- ♥ 30 g Butter
- ♥ 100 g Zucker
- ♥ ½ TL Bratapfel-Gewürz
- ♥ 200 g Mascarpone
- ♥ 200 g Sahne
- ♥ 100 g Butterkekse (Fertigprodukt oder siehe Grundrezept S. 7)

ZUBEREITUNG

1 Für das Bratapfel-Dessert die Äpfel halbieren, entkernen und das Fruchtfleisch in kleine Würfel schneiden. Die Butter in einer großen Pfanne erhitzen. Den Zucker mit dem Bratapfelgewürz mischen und zur Butter geben. Den Zucker karamellisieren lassen. Dann die Apfelwürfel dazugeben und rundum mit Karamell bedecken. Beiseitestellen.

2 Mascarpone und Sahne mit einem Handrührgerät zu einer cremigen Masse aufschlagen. Die Butterkekse grob zerkleinern.

3 Eine kleine Auflaufform (ø 15 cm) oder 4 Gläser (200 ml) bereitstellen. Zuerst die Äpfel in die Form schichten oder auf den Gläsern verteilen, dann die Mascarpone-Creme darüber geben und zum Schluss mit den zerbröselten Butterkeksen bedecken. Sofort servieren.

BELGISCHE
Waffel-Törtchen

**Diese kleinen Törtchen aus Waffeln und Erdbeeren
sind in nur 10 Minuten auf dem Tisch.**

ZUTATEN

Für 6 Stück

- 300 g Mascarpone
- 50 g Sahne
- 2 EL Ahornsirup
- 200 g Erdbeerkonfitüre
- 250 g Waffeln (ca. 18 Stück)
  (z. B. belgische Waffeln)

ZUBEREITUNG

1 Für die Waffel-Törtchen den Mascarpone mit der Sahne
und dem Ahornsirup cremig schlagen. Die Creme in einen
Spritzbeutel mit Sterntülle füllen. Die Erdbeerkonfitüre in
einer Schüssel glatt rühren.

2 Dann die Waffel-Törtchen schichten: Die erste Waffel am
Rand rundum mit Mascarpone-Creme bespritzen, dann die
Mitte mit Erdbeerkonfitüre auffüllen. Die zweite Waffel
darauflegen und wie bei der ersten Waffel verfahren. Zum
Schluss die dritte Waffel darauflegen und komplett mit der
Creme verzieren. Mit den übrigen 5 Waffel-Törtchen ebenso
verfahren. Sofort servieren.

Popcorn-
TRÜFFEL

Salzige Erdnusscreme verschmilzt mit
dunkler Schokolade und knackigem Popcorn
in nur 15 Minuten zu sagenhaften Trüffeln.

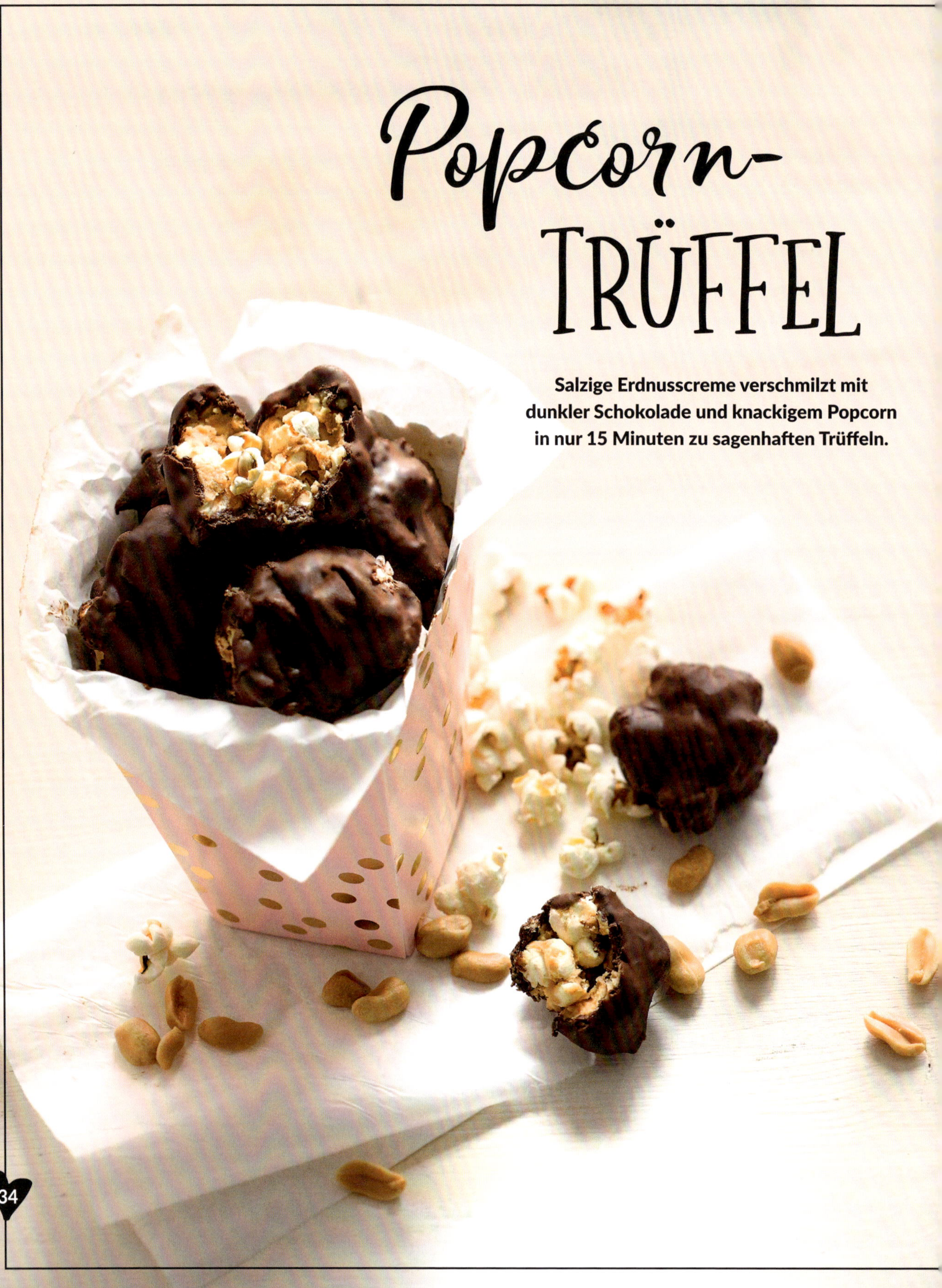

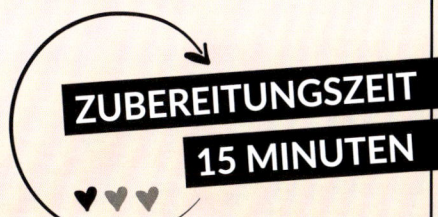
ZUTATEN

Für 12 Stück ♥ Glutenfrei

- ♥ 200 g Zartbitterschokolade
- ♥ 1 TL Kokosöl
- ♥ 4 EL zimmerwarme Erdnusscreme (Fertigprodukt oder siehe Grundrezept S. 9)
- ♥ 2 TL Agavendicksaft (nach Belieben)
- ♥ 3 Handvoll Popcorn (Fertigprodukt oder siehe Grundrezept S. 7)
- ♥ 50 g Erdnusskerne zur Dekoration

3 Einen Teller mit Backpapier auslegen und mithilfe von zwei Teelöffeln aus der Erdnusscreme-Popcorn-Masse kleine Kugeln formen. Die Popcorn-Kugeln für 5 Minuten ins Gefrierfach stellen, damit sie fest werden.

4 Dann wieder mithilfe der Löffel die Kugeln in der Schokolade wälzen, auf dem Backpapier platzieren und noch mal für 2 bis 3 Minuten ins Gefrierfach geben. Die Trüffel mit Erdnüssen bestreuen.

ZUBEREITUNG

1 Für die Popcorn-Trüffel die Zartbitterschokolade klein hacken und zusammen mit dem Kokosöl über einem Wasserbad bei niedriger Temperatur schmelzen. Dann vom Wasserbad nehmen und beiseitestellen.

2 Währenddessen die Erdnusscreme mit dem Agavendicksaft in einer großen Schüssel glatt rühren. Das Popcorn dazugeben und mit der Erdnusscreme vermischen, bis es vollständig damit bedeckt ist.

Schneller
TIPP
Wenn die Erdnusscreme zu kalt ist, einfach kurz in der Mikrowelle erwärmen.

Avocado-Schoko-MOUSSE

ZUBEREITUNGSZEIT
10 MINUTEN ♥♥♥

Wenn Butter und Sahne gegen Avocado getauscht werden, entsteht dieses gesunde Dessert.

ZUBEREITUNG

1 Für die Avocado-Schoko-Mousse die Avocados entkernen, das Fruchtfleisch in Würfel schneiden und zusammen mit dem Kakaopulver und dem Agavendicksaft in einen Blitzhacker oder Mixer geben. Die Zutaten pürieren, bis eine homogene Masse entsteht.

2 Die fertige Mousse auf 4 bis 6 Gläser (150–200 ml) verteilen. Nach Belieben noch mit gehackter Zartbitterschokolade bestreuen.

ZUTATEN

Für 4–6 Portionen
Vegan ♥ Glutenfrei

- ♥ 3 reife Avocados
- ♥ 6 EL Kakaopulver
- ♥ 4–6 EL Agavendicksaft
- ♥ Zartbitterschokolade zur Dekoration

Schneller TIPP

So lassen sich Avocados am schnellsten würfeln: Avocado halbieren, mit einem Messer den Kern entfernen, noch in der Schale längs und quer in Streifen schneiden und dann mit einem Löffel aus der Schale heben.

Kaffee-Schoko-KUGELN

ZUBEREITUNGSZEIT
10 MINUTEN ♥ ♥ ♥

Ob als schnelles Frühstück oder als Snack zwischendurch, diese Kaffee-Schoko-Kugeln sind ein leckerer Wachmacher.

ZUTATEN

Für 6 Stück
Vegan ♥ glutenfrei

- ♥ 2 EL starker Espresso
- ♥ 3 EL Ahornsirup
- ♥ 100 g Kokosöl (flüssig)
- ♥ 250 g Hirseflocken
- ♥ 6 EL Kakaopulver

ZUBEREITUNG

1 Den Espresso mit dem Ahornsirup und dem Kokosöl in einer großen Schüssel mischen. Die Hirseflocken und 4 EL des Kakaopulvers dazugeben. Alles mit den Händen zu einer homogenen Masse vermengen.

2 Eine Auflaufform mit Backpapier auslegen und aus der Masse mit angefeuchteten Händen oder zwei Esslöffeln Kugeln formen. Diese in die Auflaufform geben und 5 Minuten im Gefrierfach fest werden lassen.

3 Wer mag, kann die Kugeln vor dem Verzehr noch im restlichen Kakaopulver wälzen. Die Kaffee-Schoko-Kugeln halten luftdicht verschlossen im Kühlschrank etwa 10 Tage.

Schneller
TIPP

Sollte das Kokosöl fest sein, einfach kurz in einem Topf bei mittlerer Hitze oder in der Mikrowelle schmelzen.

SCHNELLE
Glücksmomente
IN NUR 20 BIS
30 MINUTEN

DIE BESTE FREUNDIN
HAT SICH SPONTAN ZUM
KAFFEEKLATSCH ANGEKÜNDIGT?
KEIN PROBLEM,
DIESE REZEPTE SORGEN FÜR
SCHNELLE GLÜCKSMOMENTE!

Schneller
TiPP
Alternativ können statt
frischen Pfirsichen auch
Pfirsichhälften aus der
Dose verwendet
werden.

Pfirsich-PLUNDER-TEiLCHEN

ZUBEREITUNGSZEIT
20 MINUTEN

**Fruchtiger schneller Genuss mit leckerer Käsekuchenfüllung.
Auch ideal fürs spontane Picknick!**

ZUTATEN

Für 12 Stück

- ♥ 450 g Blätterteigplatten (6 Stück) (TK)
- ♥ 300 g Sahnequark
- ♥ 2 EL Puddingpulver mit Vanillegeschmack
- ♥ 4 EL Puderzucker
- ♥ 6 frische Pfirsiche oder Nektarinen
- ♥ 1 Ei (Größe M)
- ♥ 2 EL Sahne
- ♥ 50 g gehackte Mandeln

ZUBEREITUNG

1 Für die Pfirsich-Plunder-Teilchen zwei Backbleche mit Backpapier belegen und den Ofen auf 220 °C Heißluft vorheizen. Die Blätterteigplatten aus dem Gefrierfach nehmen, auf einem Brett jede Platte parallel zur kurzen Seite mit einem scharfen Messer teilen und die so entstandenen Rechtecke auf den Backblechen verteilen. Zum Auftauen beiseitestellen.

2 Für den Belag den Sahnequark mit dem Puddingpulver und dem Puderzucker mischen. Die Masse gleichmäßig auf den 12 Blätterteigplatten verteilen und glatt streichen, dabei einen Rand lassen.

3 Die Pfirsiche halbieren, entkernen und das Fruchtfleisch in dünne Scheiben schneiden. Die Scheiben eines halben Pfirsichs jeweils versetzt auf der Quarkmasse verteilen.

4 Das Ei mit der Sahne verquirlen und die freien Ränder des Blätterteigs damit bestreichen. Zum Schluss mit den Mandeln bestreuen.

5 Die Backbleche auf der zweiten und vierten Schiene des vorgeheizten Backofens 8 bis 10 Minuten backen, bis der Blätterteigrand braun und knusprig ist. Aus dem Ofen nehmen und sofort servieren. Schmeckt frisch am besten.

Popcorn-ESPRESSO-Törtchen

ZUBEREITUNGSZEIT
20 MINUTEN

**Die knusprigen Törtchen bringen Leben
in jeden Kaffeeklatsch.**

ZUTATEN

Für 10–12 Stück ♥ glutenfrei

- ♥ 400 g Zartbitterschokolade
- ♥ 150 g Popcorn (Fertig-produkt oder siehe Grund-rezept S. 7)
- ♥ 500 g Mascarpone
- ♥ 150 g Sahne
- ♥ 50 g Puderzucker
- ♥ 2 EL kalter Espresso
- ♥ 3 EL Kaffeelikör

ZUBEREITUNG

1 Für die Popcorn-Espresso-Törtchen die Zartbitterschokolade hacken und über einem heißen Wasserbad bei niedriger Temperatur schmelzen. In der Zwischenzeit ein Backblech mit Backpapier auslegen.

2 Das Popcorn zur geschmolzenen Schokolade geben und zügig vermischen. Dann auf das Backblech streichen und im Gefrierfach 5 Minuten fest werden lassen.

3 In der Zwischenzeit den Mascarpone mit der Sahne und dem Puderzucker cremig rühren und langsam den Espresso und den Kaffeelikör unterrühren. Die Creme in einen Spritzbeutel mit runder Tülle füllen und beiseitelegen.

4 Den Popcorn-Schoko-Boden aus dem Gefrierfach nehmen, zusammen mit dem Backpapier vom Blech nehmen und auf ein Brett legen. Mithilfe eines Dessertrings (ø ca. 5 cm) oder rundem Ausstecher 10 bis 12 Böden ausstechen.

5 Die Creme auf die Böden spritzen und die Törtchen am besten sofort servieren.

45

Erdbeer-SCHOKO-DESSERT

Wer hätte geahnt, dass sich auch aus Schoko-Crossies ein leckerer Boden zaubern lässt? Kombiniert mit Erdbeeren entsteht so ein leckeres Sommerdessert.

ZUTATEN

Für 8–10 Portionen

- ♥ 2 EL Butter
- ♥ 200 g Schoko-Crossies (Fertigprodukt oder siehe Grundrezept S. 9)
- ♥ 200 g Mascarpone
- ♥ 200 g Magerquark
- ♥ 50 g Sahne
- ♥ 100 g Puderzucker
- ♥ 400 g Erdbeeren

ZUBEREITUNG

1 Für das sommerliche Dessert zuerst den Boden einer Auflaufform (ca. 30 x 20 cm) reichlich mit Butter fetten.

2 Die Schoko-Crossies großzügig auf dem Boden der Form verteilen, dann bei 200 °C Heißluft im Backofen auf mittlerer Schiene für 5 Minuten schmelzen lassen. Aus dem Ofen nehmen, 10 Minuten abkühlen lassen und in den Kühlschrank stellen.

3 In der Zwischenzeit den Mascarpone mit dem Magerquark, der Sahne und dem Puderzucker mit dem Handrührgerät zu einer homogenen Creme verarbeiten.

4 Die Erdbeeren putzen und mit einem Pürierstab fein pürieren.

5 Jetzt die Auflaufform aus dem Kühlschrank nehmen. Zuerst die Mascarpone-Quark-Creme auf dem Schoko-Crossie-Boden verteilen und glatt streichen. Anschließend die pürierten Erdbeeren auf der Creme verteilen. Entweder sofort servieren oder im Kühlschrank 1 Tag lagern.

Schneller
TIPP

Statt frischen Erdbeeren
kann man auch eine fertige
Erdbeersauce verwenden.

Amaranth-
HERZEN

**Als Frühstück, Snack zwischendurch
oder leckerer Nachtisch.**

ZUTATEN

Für 12 Stück
Vegan ♥ Glutenfrei

- ♥ 150 g Mandel-Kokoscreme
- ♥ 50 g Kokosöl
- ♥ 60 g gepuffter Amaranth

ZUBEREITUNG

1 Für die Amaranth-Herzen die Mandel-Kokoscreme mit dem Kokosöl in einem kleinen Topf unter Rühren schmelzen.

2 Den gepufften Amaranth zusammen mit der Kokosöl-Creme-Mischung in eine große Schüssel geben. Die Zutaten mit den Händen zu einer homogenen Masse verarbeiten.

3 Die Amaranth-Masse auf 12 Silikon-Herzformen (alternativ geht auch jede andere Silikonform) verteilen, mit einen Teelöffel festdrücken und 10 Minuten im Gefrierfach fest werden lassen. Sofort verzehren oder im Kühlschrank luftdicht verpackt bis zu 2 Wochen lagern.

S'mores Rice KRiSPiES

Fade war gestern! Mit Marshmallows und Schokolade kommen die Reiswaffeln so richtig auf den Geschmack!

ZUBEREITUNG

1 Für die S'mores Rice Krispies zuerst die Butter in Stücke schneiden und zusammen mit den Marshmallows und dem Vanilleextrakt über einem heißen Wasserbad schmelzen. Ab und an umrühren.

2 Inzwischen die Reiswaffeln in eine Gefriertüte geben und mit dem Nudelholz fein zerkleinern. Dann mit der Vollmilchschokolade in einer Schüssel mischen. Ein Backblech mit Backpapier auslegen.

3 Die Butter-Marshmallow-Mischung vom Wasserbad nehmen und mit einem Stabmixer zu einer homogenen Masse mixen. Dann über die Reiswaffel-Schokoladen-Mischung geben und mit einem Löffel gut vermengen.

4 Die S'mores-Masse auf das Backblech geben und gleichmäßig verteilen. Für 10 Minuten im Gefrierfach fest werden lassen. Währenddessen die restliche Schokolade schmelzen, über die Masse geben und abkühlen lassen.

5 Die S'mores Rice Krispies mit einem scharfen Messer in 12 Stücke schneiden. Luftdicht verpackt sind sie bis zu 1 Woche haltbar.

ZUTATEN
Für 12 Stück

- ♥ 200 g Butter
- ♥ 300 g Marshmallows (ca. 40 Stück)
- ♥ 1 TL Vanilleextrakt
- ♥ 100 g Reiswaffeln (Natur)
- ♥ 100 g gehackte Vollmilch-schokolade + 50 g zur Dekoration

Schneller TiPP

Die klebrige Masse lässt sich leichter verteilen, wenn man ein zweites Backpapier darüberlegt und die Masse dann mit einem Schneidebrett oder einem Topfboden festdrückt.

Lava Cakes
MIT NUSS-KARAMELL-FÜLLUNG

**ZUBEREITUNGSZEIT
25 MINUTEN**

♥♥♥

Diese Kuchen im Miniaturformat sind nicht nur blitzschnell fertig, sondern überraschen zudem mit einem flüssigen Kern aus Nuss und Karamell.

ZUTATEN
Für 6 Stück

- ♥ 120 g Butter + etwas für die Formen
- ♥ 100 g Zucker
- ♥ 2 Eier (Größe M)
- ♥ 100 g Mehl
- ♥ 2 EL Milch
- ♥ 1 TL Backpulver
- ♥ 1 EL Erdnusscreme (Fertigprodukt oder siehe Grundrezept S. 9)
- ♥ 4 EL Karamellcreme (Fertigprodukt)

ZUBEREITUNG

1 Den Backofen auf 180 °C Ober- und Unterhitze vorheizen. 6 Förmchen mit Butter fetten.

2 Die Butter mit dem Zucker schaumig schlagen. Dann nacheinander die Eier dazugeben und gut unterrühren. Das Mehl mit dem Backpulver mischen und zusammen mit der Milch zügig unterrühren.

3 Inzwischen die Erdnuss- mit der Karamellcreme in einer separaten Schüssel verrühren, bis eine cremige Masse entsteht.

4 Etwa drei Viertel des Teigs auf die Förmchen verteilen. Mit einem Teelöffel ein Loch in die Mitte des Teigs formen. Die Karamell-Erdnuss-Füllung hineingeben und mit dem restlichen Teig bedecken. Die Lava Cakes im vorgeheizten Backofen auf der mittleren Schiene 15 Minuten backen.

5 Aus dem Ofen nehmen und die Förmchen kurz in kaltes Wasser stellen, damit sich die Küchlein leichter aus der Form lösen. Dann mit dem Messer vorsichtig am Rand lösen, auf Teller stürzen und sofort servieren.

53

Schneller
TiPP

Die Lava Cakes am besten
einzeln in kleinen Aluförmchen
backen, dann lassen sie sich
nach dem Backen ein-
facher stürzen.

Kiwi-Swirl-TÖRTCHEN

ZUBEREITUNGSZEIT
20 MINUTEN ♥ ♥ ♥

Kleine Kiwi-Törtchen mit einer Füllung aus Vanillecreme sind nicht nur fruchtig und lecker, sondern auch optisch ein Genuss.

ZUTATEN

Für 12 Stück

- ♥ 250 ml Milch
- ♥ ½ Päckchen Vanille-puddingpulver
- ♥ 300 g Mascarpone
- ♥ 2 Biskuitböden (Fertigprodukt)
- ♥ 12 reife Kiwis

ZUBEREITUNG

1 Zuerst die Vanillecreme zubereiten. Dazu ein halbes Päckchen Vanillepuddingpulver nach Packungsanleitung zubereiten. Den Mascarpone esslöffelweise unter den noch heißen Pudding rühren und anschließend kalt stellen.

2 In der Zwischenzeit mithilfe eines Dessertrings oder Weinglases aus den Biskuitböden 12 runde Törtchenböden ausstechen und jeweils mit 1 EL Vanillecreme bestreichen.

3 Die Kiwis schälen, längs halbieren und die Hälften mit einem scharfen Messer in feine, ca. 2 mm dicke Streifen schneiden. Dabei darauf achten, dass die Form der Kiwi erhalten bleibt und die Streifen nicht verrutschen. Die beiden geschnittenen Kiwi-Hälften sollten direkt hintereinander liegen, erst dann mit beiden Händen vorsichtig die Streifen etwas auseinanderziehen und eine Rose formen.

4 Mithilfe eines Tortenhebers die Rosen auf die bestrichenen Böden setzen und am besten sofort verzehren.

Peanut Butter CUPS

Dunkle Schokolade und Erdnusscreme machen diese Pralinen zu einem süß-salzigen Vergnügen. Achtung, Suchtgefahr!

**ZUBEREITUNGSZEIT
25 MINUTEN**

♥ ♥ ♥

ZUTATEN

Für 12 Stück ♥ Glutenfrei

♥ 800 g Zartbitterkuvertüre

♥ 3 EL Kokosöl

♥ 200 g Erdnusscreme
(Fertigprodukt oder siehe
Grundrezept S. 9)

ZUBEREITUNG

1 Zuerst die Zartbitterkuvertüre grob hacken und zusammen mit dem Kokosöl über einem Wasserbad bei niedriger Temperatur schmelzen.

2 Inzwischen für die Füllung eine kleine Auflaufform mit Backpapier auslegen und mithilfe von zwei Teelöffeln aus der Erdnusscreme 12 kleine Häufchen formen und darauf setzen. Die Auflaufform mit der Erdnusscreme in das Gefrierfach geben.

3 Ein 12er-Muffinblech mit Papierförmchen auslegen. Je 1 EL der geschmolzenen Schokolade in die Förmchen geben. Die restliche Schokolade beiseitestellen. Das Muffinblech für 5 Minuten in das Gefrierfach geben. Dann beide Formen herausnehmen.

4 Die Erdnusscreme-Füllungen jeweils in die Mitte der fest gewordenen Schokoladenböden setzen. Dabei darauf achten, dass ein Rand entsteht. Dann die restliche Schokolade auf die Muffinförmchen verteilen, bis die Erdnusscreme komplett bedeckt ist.

5 Das Muffinblech erneut für 10 Minuten ins Gefrierfach geben. Die Erdnusscreme-Cups am besten sofort verzehren oder bei Zimmertemperatur luftdicht verschlossen bis zu 1 Woche lagern.

Zwetschgen-CRUMBLE

ZUBEREITUNGSZEIT
25 MINUTEN ♥ ♥ ♥

Ein Klassiker: Erinnert an Omas besten Zwetschgen-Streuselkuchen und schmeckt wunderbar nach Herbst.

ZUTATEN

Für 8–10 Portionen ♥ Glutenfrei

- ♥ 500 g Zwetschgen
- ♥ 125 g Butter (zimmerwarm) + etwas für die Form
- ♥ 75 g Hirseflocken
- ♥ 100 g Buchweizenmehl
- ♥ 100 g Zucker + 2 EL für das Obst
- ♥ ½ TL Zimt
- ♥ Vanilleeis (Fertigprodukt oder siehe Grundrezept S. 6)

ZUBEREITUNG

1 Die Zwetschgen waschen, halbieren und entsteinen. Den Backofen auf 220 °C Heißluft vorheizen und eine Auflaufform (ø ca. 20 cm) mit etwas Butter fetten.

2 Für den Streuselteig die Butter in Stücke schneiden und zusammen mit den Hirseflocken, dem Mehl und dem restlichen Zucker in eine Schüssel geben. Mit den Händen zu Streuseln formen und für 5 Minuten ins Gefrierfach geben.

3 In der Zwischenzeit die Zwetschgen dachziegelartig in die Form schichten, dann den Zimt nach Belieben mit 2 EL Zucker mischen und die Zwetschgen damit bestreuen.

4 Die Streusel auf den Zwetschgen verteilen und im vorgeheizten Backofen auf mittlerer Schiene 15 Minuten backen. Aus dem Ofen nehmen und am besten noch warm mit Vanilleeis servieren.

Schokoküchlein MiT BAiSER

Diese Schokoküchlein sorgen mit ihrem Schokoladenkern für eine doppelt schokoladige Note!

ZUTATEN

Für 6 Stück

- ♥ 150 g Zartbitterschokolade
- ♥ 50 g Butter
- ♥ 2 Eier (Größe M)
- ♥ 75 g Zucker
- ♥ 1 Päckchen Vanillezucker
- ♥ 100 g Mehl
- ♥ 1 TL Backpulver
- ♥ 2 Eiweiß (Größe M)
- ♥ 1 Prise Salz
- ♥ 2 EL Zucker

ZUBEREITUNG

1 Für die Schokoküchlein den Backofen auf 180 °C Ober- und Unterhitze vorheizen. 100 g der Zartbitterschokolade hacken, Butter in Stücke schneiden und beides zusammen über einem heißen Wasserbad schmelzen. Die restliche Schokolade in 6 gleich große Stücke teilen.

2 Inzwischen die Eier mit 75 g Zucker und dem Vanillezucker schaumig schlagen. Die geschmolzene Butter-Schoko-Masse dazugeben und unterrühren. Das Mehl mit dem Backpulver mischen und zügig unterrühren. Den Teig auf 6 Einmachgläser (200 ml) verteilen, je ein Schokoladenstück mittig in den Teig drücken und 10 Minuten im vorgeheizten Backofen auf der mittleren Schiene backen.

3 In der Zwischenzeit das Baiser zubereiten: Dazu das Eiweiß mit dem Salz steif schlagen und langsam den Zucker unter Rühren dazugeben.

4 Die Schokoböden aus dem Ofen nehmen, die Backofen-Temperatur auf 200 °C erhöhen. Das Baiser auf den Schoko-böden verteilen und das Ganze für weitere 5 bis 7 Minuten auf mittlerer Schiene backen, bis das Baiser leicht braun wird. Dann sofort servieren.

ZITRONIGE Cranberry-TÖRTCHEN

ZUTATEN

Für 4 Stück

- ♥ 75 g weiße Schokolade
- ♥ 200 g Zitronenwaffeln (Fertigprodukt)
- ♥ 4 EL Speisestärke
- ♥ 1 l Cranberrysaft
- ♥ 200 g Magerquark
- ♥ 200 g Mascarpone
- ♥ 3 EL Puderzucker

Dieses zitronig frische Törtchen mit Knusperboden will man am liebsten sofort vernaschen.

ZUBEREITUNG

1 Für die Cranberry-Törtchen zuerst den Boden vier kleiner Springformen (ø 10 cm) mit Frischhaltefolie auslegen (alternativ eine große Springform ø 20 bis 24 cm verwenden).

2 Die Schokolade über einem heißen Wasserbad in einer großen Schüssel schmelzen. In der Zwischenzeit die Zitronenwaffeln mit dem Blitzhacker zerkleinern, zur geschmolzenen Schokolade geben und beides gut vermischen.

3 Mithilfe eines Esslöffels die Schoko-Zitronen-Mischung auf den Springformböden verteilen und gut festdrücken. Die Böden ins Gefrierfach stellen.

4 Speisestärke mit 2 EL Cranberrysaft glatt rühren. Den restlichen Saft in einem Topf zum Kochen bringen. Vom Herd nehmen und die Speisestärke unterrühren. Unter Rühren nochmals aufkochen, bis der Cranberrysaft dickflüssig wird. Den Saft in eine Schüssel füllen und beiseitestellen.

5 Den Quark mit dem Mascarpone und dem Puderzucker cremig rühren. Die Böden aus dem Gefrierfach nehmen und die Quark-Mascarpone-Creme darauf verteilen. Zum Schluss den dick-flüssigen Cranberrysaft als Spiegel auf die Creme geben und die Törtchen nochmals für 5 Minuten ins Gefrierfach stellen.

6 Mithilfe eines Messers die Springform vorsichtig am Rand lösen, die Törtchen aus der Form heben, die Frischhaltefolie am Boden entfernen und sofort servieren.

Schoko-Bananen-TASCHEN

ZUBEREITUNGSZEIT
20 MINUTEN ♥ ♥ ♥

Knuspriger Blätterteig trifft auf Schokolade und Banane: Eine Mischung, die es in sich hat!

ZUTATEN

Für 12 Stück

- ♥ 1 Rolle Blätterteig (Fertigprodukt)
- ♥ 200 g weiche Schokoladencreme oder Nuss-Nougat-Creme
- ♥ 1 Banane
- ♥ 1 Ei (Größe M)
- ♥ 3 EL Sahne

ZUBEREITUNG

1 Für die Schoko-Bananen-Taschen den Backofen auf 200 °C Heißluft vorheizen und zwei Backbleche mit Backpapier belegen.

2 Die Blätterteigrolle flach ausrollen, in 12 gleich große Quadrate schneiden und diese auf den Backblechen verteilen.

3 Je 1 TL Schokoladencreme mittig auf den Blätterteigquadraten verteilen. Die Banane in 12 Scheiben schneiden und jeweils eine Scheibe auf die Schokoladencreme geben.

4 Das Ei mit der Sahne verquirlen. Mithilfe eines Pinsels die Ränder der Blätterteigquadrate damit bestreichen, die Ecken der Quadrate mittig über der Bananenscheibe verschließen und mit einer Gabel andrücken. Die Oberseiten der Taschen ebenfalls mit der Ei-Sahne-Mischung einstreichen, damit sie beim Backen goldbraun werden.

5 Die Schoko-Bananen-Taschen im vorgeheizten Backofen auf mittlerer Schiene 10 Minuten backen. Aus dem Ofen nehmen und am besten innerhalb eines Tages verzehren.

Eindruck schinden
in 30 bis 40 Minuten

Diese Kuchen
und Desserts
sind Augen- und
Gaumenschmaus
in einem!

Brownie- TORTE

Dieser Kuchen bringt alles mit, was ein guter Kuchen braucht: herbe Schokolade und fruchtig-frische Beeren.

ZUTATEN

Für 12 Stücke

- ♥ 150 g Butter + etwas für die Form
- ♥ 200 g Zartbitterschokolade
- ♥ 3 Eier (Größe M)
- ♥ 150 g brauner Zucker
- ♥ 170 g Mehl
- ♥ 1 TL Backpulver
- ♥ 2 EL Kakaopulver
- ♥ 250 g Sahne
- ♥ 1 Päckchen Sahnesteif
- ♥ 1 Päckchen Vanillezucker
- ♥ Gemischte Beeren zur Dekoration

ZUBEREITUNG

1 Für die Brownie-Torte den Backofen auf 200 °C Heißluft vorheizen und eine Springform (ø 24 cm) mit Butter fetten. Die Butter in Stücke schneiden, die Schokolade hacken und beides in eine Aluschüssel geben. Im Backofen schmelzen und beiseitestellen.

2 Die Eier mit dem Zucker schaumig schlagen und die Schokoladen-Butter-Mischung unterrühren. Mehl mit Backpulver und Kakaopulver mischen und zügig unterrühren.

3 Den Teig in die Springform geben und im vorgeheizten Backofen auf mittlerer Schiene 15 Minuten backen. Aus dem Ofen nehmen, vorsichtig am Rand mit einem Messer lösen, auf ein Kuchengitter stürzen und etwas abkühlen lassen.

4 In der Zwischenzeit die Sahne mit Sahnesteif und Vanillezucker steif schlagen. Den Boden auf eine Tortenplatte setzen, mit Sahne bestreichen und mit Beeren dekorieren. Am besten zügig verzehren.

Mini-Käsekuchen
MIT APRIKOSEN

Mit der fruchtigen Füllung sind diese Käsekuchen im Miniaturformat eine kleine Überraschung für jeden Kaffeetisch.

ZUTATEN

Für 12 Stück

- 1 Dose Aprikosen (475 g)
- 4 Eier (Größe M)
- 1 Prise Salz
- 150 g Zucker
- 100 g Butter, geschmolzen
- 400 g Magerquark
- 80 g Mehl
- 1 TL Backpulver

ZUBEREITUNG

1 Zuerst ein 12er-Muffinblech mit Papierförmchen auslegen und den Backofen auf 200 °C Ober- und Unterhitze vorheizen. Die Aprikosen in ein Sieb geben und abtropfen lassen.

2 Für die Käsekuchen-Masse die Eier trennen und die Eiweiße mit einer Prise Salz steif schlagen. Dann beiseitestellen.

3 Die Eigelbe mit dem Zucker schaumig schlagen. Die geschmolzene Butter und den Magerquark unter die Ei-Zucker-Mischung rühren. Das Mehl mit dem Backpulver mischen und zusammen mit einem Drittel des Eiweißes unterrühren. Das restliche Eiweiß in zwei Portionen mit einem Teigspachtel vorsichtig unterheben.

4 Je 1 EL der Käsekuchen-Masse in jede Ausbuchtung des Muffinblechs geben. Dann jeweils eine Aprikose daraufsetzen (die Aprikosen ggf. etwas kleiner schneiden) und mit der restlichen Masse bedecken.

5 Die Mini-Käsekuchen im vorgeheizten Backofen auf der mittleren Schiene 20 Minuten backen, bis sie an der Oberfläche leicht braun werden. Auf ein Kuchengitter stürzen, kurz abkühlen lassen und dann sofort verzehren.

Milchreis- TÖRTCHEN

ZUBEREITUNGSZEIT
35 MINUTEN

Reis mal anders: Aus Milchreis werden in Windeseile kleine Törtchen gezaubert.

ZUTATEN

Für 12 Stück

- 1,2 l Milch
- 10 EL Agavendicksaft (nach Belieben)
- 350 g Milchreis
- 12 runde Mürbeteig- oder Butterkekse (Fertig- produkt oder siehe Grundrezept S. 6)
- 2 reife Feigen

ZUBEREITUNG

1 Für die Milchreistörtchen zuerst den Milchreis zubereiten. Dazu die Milch mit dem Agaven- dicksaft in einen Topf geben und aufkochen. Sobald die Milch kocht, den Reis unter Rühren einrieseln lassen. Den Milchreis auf hoher Stufe unter Rühren etwa 20 Minuten kochen lassen. Den Milchreis anschließend in eine kalte Schüssel geben und beiseite- stellen.

2 Inzwischen die Kekse auf eine Tortenplatte legen. Die Feigen waschen und in Schnitze schneiden.

3 Zum Schichten der Törtchen einen Dessertring (mit dem Durchmesser der Kekse) auf einen Keks stellen. Etwas Milchreis in den Dessertring füllen und leicht andrücken, dann vorsichtig entfernen. Mit den restlichen 11 Törtchen ebenso verfahren. Zum Schluss noch jeweils einen Feigenschnitz auf die Törtchen legen und sofort servieren.

Erdbeer-STRUDEL

**Spontaner Besuch? Dieser Erdbeer-Strudel
beeindruckt garantiert – von außen und von innen!**

ZUTATEN

Für 12 Stücke

- 1 Rolle Blätterteig (Fertigprodukt)
- 150 g Ricotta
- 2 EL flüssiger Honig
- 300 g Erdbeeren
- 1 Ei (Größe M)
- 2 EL Sahne

ZUBEREITUNG

1 Für den Erdbeer-Strudel den Backofen auf 200 °C Heißluft vorheizen und ein Backblech mit Backpapier auslegen.

2 Den Blätterteig auf das Backpapier legen und mit einem Messer der Länge nach vorsichtig drei gleich große Rechtecke einritzen (nicht schneiden!). Das mittlere Rechteck ist für die Füllung, die Rechtecke links und rechts daneben bilden später das Muster. Dafür die beiden Randteile entlang der kurzen Seite in gleich große Streifen schneiden, jedoch nicht vom Mittelstück lösen.

3 Ricotta mit Honig zu einer cremigen Masse verrühren und auf dem mittleren Drittel des Teigs verteilen.

4 Die Erdbeeren waschen, putzen und halbieren. Dann auf dem Ricotta verteilen.

5 Für das Muster die seitlichen Teigstreifen nacheinander (links, rechts, links, rechts ...) einklappen. Das Ei mit der Sahne verquirlen und den Strudel damit bestreichen.

6 Den Strudel im vorgeheizten Backofen auf der mittleren Schiene für 25 Minuten backen, bis er goldbraun ist. Aus dem Ofen nehmen und sofort servieren.

Zitronen-Biskuit-ROLLE

ZUBEREITUNGSZEIT

40 MINUTEN

Sauer macht lustig – und in diesem Fall auch lecker!

ZUTATEN

Für 12 Stücke

- ♥ 5 Eier (Größe M)
- ♥ 1 Prise Salz
- ♥ 120 g Zucker + etwas zum Einrollen
- ♥ 100 g Mehl
- ♥ 30 g Speisestärke
- ♥ 250 g Sahne
- ♥ 2 Päckchen Sahnesteif
- ♥ 250 g Magerquark
- ♥ 2 EL Puderzucker + etwas zum Bestäuben
- ♥ Saft und abgeriebene Schale von 2 Bio-Zitronen

ZUBEREITUNG

1 Den Backofen auf 200 °C Heißluft vorheizen und ein Backblech mit Backpapier auslegen. Für den Biskuit die Eier trennen und die Eiweiße mit einer Prise Salz aufschlagen. Beiseitestellen.

2 Die Eigelbe mit dem Zucker schaumig schlagen. Das Mehl mit der Speisestärke mischen und zügig unter das Eigelb heben. Dann das Eiweiß in 3 Portionen vorsichtig unter die Eigelb-Masse heben. Den Teig gleichmäßig auf dem Backblech verteilen und im vorgeheizten Backofen auf mittlerer Schiene 8 bis 10 Minuten backen.

3 Inzwischen ein feuchtes Geschirrtuch ausbreiten und mit Zucker bestreuen. Den Biskuit aus dem Ofen nehmen und mit der Oberseite nach unten auf das Geschirrtuch legen. Das Backpapier mit Wasser einpinseln und abziehen. Dann mithilfe des Geschirrtuchs einrollen und zum schnellen Abkühlen 15 Minuten in den Kühlschrank geben.

4 Für die Füllung die Sahne mit dem Sahnesteif steif schlagen. Magerquark und Puderzucker dazugeben. Zum Schluss Zitronen-saft und -abrieb unter die Creme rühren.

5 Den Biskuit vorsichtig aufrollen, dünn mit der Creme bestreichen und erneut einrollen. Zum Schluss mit Puderzucker bestäuben. Entweder sofort servieren oder im Kühlschrank bis zu 3 Tage aufbewahren.

TRiPLE-Chocolate-TORTE

Die perfekte Torte für alle Schokoholics, denn mehr Schokolade passt kaum auf eine Tortenplatte!

ZUTATEN

Für 6–8 Stücke

- 3 Eier (Größe M)
- 70 g Zucker
- 70 g Butter, geschmolzen
- 200 ml Milch
- 150 g Mehl
- 1 TL Backpulver

- 3 EL Kakaopulver
- 1 EL neutrales Öl
- 100 g Zartbitterschokolade
- 50 g Butter
- 500 g Mascarpone
- 100 g Puderzucker
- 100 g Schokoladenstreusel

ZUBEREITUNG

1 Für die Pfannkuchenböden die Eier mit dem Zucker schaumig schlagen. Geschmolzene Butter und Milch unterrühren. Das Mehl mit dem Backpulver und dem Kakaopulver mischen, zur Eier-Mischung geben und zu einem glatten Teig verrühren.

2 Das Öl in einer Pfanne (ø ca. 22 cm) erhitzen und aus dem Teig etwa 6 bis 8 dicke Pfannkuchen backen. Die Pfannkuchen auf ein Kuchengitter geben und auskühlen lassen.

3 Für die Creme die Schokolade hacken, die Butter würfeln und beides zusammen über einem heißen Wasserbad schmelzen. Die Butter-Schokoladen-Mischung anschließend mit dem Mascarpone und dem Puderzucker cremig rühren.

4 Die Torte stapeln: Dazu den ersten Pfannkuchenboden auf eine Tortenplatte legen, mit Creme bestreichen und mit Schokostreuseln bestreuen. So verfahren, bis alle Böden verbraucht sind. Den letzten Boden mit Creme bedecken und mit Streuseln bestreuen. Am besten sofort servieren.

Zebrakuchen-MUFFINS

Gestreiftes Glück – oder Marmorkuchen mal anders. Beeindruckt garantiert nicht nur an Kindergeburtstagen.

ZUTATEN

Für 12 Stück

- ♥ 150 g Butter + etwas für die Form
- ♥ 5 Eier (Größe M)
- ♥ 150 g Zucker
- ♥ 2 Päckchen Vanillezucker
- ♥ 100 ml Milch
- ♥ 250 g Mehl
- ♥ 1 TL Backpulver
- ♥ 3 EL Kakaopulver

ZUBEREITUNG

1 Für die Zebra-Muffins den Backofen auf 200 °C Ober- und Unterhitze vorheizen. Ein 12er-Muffin-blech mit Butter fetten. Restliche Butter in eine Metallschüssel geben und im Backofen schmelzen. Aus dem Ofen nehmen, beiseitestellen, Ofen jedoch nicht ausschalten.

2 Inzwischen die Eier mit dem Zucker und Vanillezucker schaumig schlagen. Milch und geschmolzene Butter dazugeben. Das Mehl mit Backpulver mischen und zügig unterrühren.

3 Etwa die Hälfte des Teigs in eine neue Schüssel geben. Das Kakaopulver zum restlichen Teig geben und unterrühren.

4 Für das Zebramuster zuerst 2 EL des dunklen Teigs in die Förmchen geben, danach 2 EL des hellen Teigs Dann im Wechsel immer kleiner Kleckse von dunklem und hellem Teig mittig in die Formen geben, bis der komplette Teig aufgebraucht ist.

5 Muffins im vorgeheizten Backofen auf mittlerer Schiene 20 Minuten backen. Aus dem Ofen nehmen, am Rand lösen und auf ein Kuchengitter stürzen. Abkühlen lassen und dann servieren. Luftdicht verschlossen können sie bis zu 4 Tagen aufbewahrt werden.

MiNi-Apfelstrudel

**Der bekannte Klassiker in Miniaturformat,
aber mit großem Geschmack.**

ZUTATEN

Für 12 Stück

- ♥ 7 Äpfel
- ♥ 40 Butter + 40 g zum Bestreichen
- ♥ 80 g gehackte Mandeln
- ♥ 3 EL Rosinen
- ♥ 1 TL Zimt
- ♥ 50 g Zucker
- ♥ 1 Packung Filoteig (Fertigprodukt)
- ♥ Puderzucker zum Bestäuben

ZUBEREITUNG

1 Für die kleinen Apfelstrudel den Backofen auf 180 °C Ober- und Unterhitze vorheizen und ein Backblech mit Backpapier auslegen. 40 g Butter in eine Aluschüssel geben und im Backofen schmelzen, dann beiseitestellen.

2 Die Äpfel halbieren, entkernen und das Fruchtfleisch in kleine Würfel schneiden. Die Butter in einer Pfanne schmelzen und die Äpfel darin etwa 5 Minuten bei mittlerer Hitze braten. Mandeln, Rosinen, Zimt und Zucker dazugeben und untermischen. Die Pfanne vom Herd nehmen.

3 Die Filoteig-Blätter vorsichtig aus der Packung nehmen, auf feuchten Küchentüchern verteilen und in gleich große Rechtecke schneiden.

4 Die Apfelmischung auf den schmalen Seiten verteilen, dabei einen Rand von 2 cm lassen. Den gesamten Rand des Rechtecks mit Butter bestreichen, die Ränder einschlagen und den Teig, beginnend an der Seite mit der Füllung, einrollen. Auf dem Backblech verteilen.

5 Die Apfelstrudel mit der restlichen Butter einpinseln und im vorgeheizten Backofen auf mittlerer Schiene 15 Minuten backen. Aus dem Ofen nehmen, mit Puderzucker bestäuben und am besten sofort servieren.

♥

Mandelkuchen
MIT BEERENKOMPOTT

**Dieser Mandelkuchen ist so schnell fertig, dass sogar noch
Zeit für ein leckeres Heidelbeerkompott bleibt.**

ZUTATEN

Für 12 Stücke

- ♥ 100 g Butter + etwas für die Form
- ♥ 100 g brauner Zucker
- ♥ 1 Päckchen Vanillezucker
- ♥ 3 Eier (Größe M)
- ♥ 120 g Mehl
- ♥ 100 g gemahlene Mandeln
- ♥ 1 TL Backpulver
- ♥ 300 g Heidelbeeren (frisch oder TK)
- ♥ 1 EL Ahornsirup
- ♥ 2 Kardamom-Kapseln
- ♥ 1 Zimtstange
- ♥ 1 TL Speisestärke

ZUBEREITUNG

1 Den Backofen auf 200 °C Heißluft vorheizen. Den Boden einer Springform (ø 26 cm) mit Backpapier auslegen, den Rand mit Butter fetten.

2 Für den Teig Butter mit Zucker und Vanillezucker schaumig schlagen. Dann die Eier nach und nach dazugeben und gut unterrühren. Das Mehl mit den Mandeln und dem Backpulver mischen und ebenfalls zügig unterrühren. Den Teig in die Springform geben und auf mittlerer Schiene 15 Minuten backen.

3 Inzwischen das Beerenkompott zubereiten. Dazu die Kardamomkapsel mit einem Messer platt drücken. Die Heidelbeeren zusammen mit dem Ahornsirup, dem Kardamom, der Zimtstange und 2 EL Wasser in einen Topf geben. Aufkochen und etwa 5 Minuten bei mittlerer Hitze kochen lassen. Dann die Gewürze herausnehmen. Die Speisestärke mit etwas Wasser mischen und unter das Kompott rühren. Nochmals kurz aufkochen lassen und beiseitestellen.

4 Den Mandelkuchen aus dem Ofen nehmen und auf ein Kuchengitter stürzen. Am besten noch warm in Stücke schneiden und mit dem Beerenkompott servieren.

Mandelkuchen

MIT ZWEIERLEI SCHOKOLADE

Dieser Kuchen ist nicht einerlei:
Schokoboden trifft auf Mandelcreme,
weiße Schokolade und Schlagsahne.

ZUBEREITUNGSZEIT

35 MINUTEN ♥ ♥ ♥

ZUTATEN

Für 8 Stücke

- ♥ 50 g Butter
- ♥ 150 g Schokoladenkekse mit Vanillecremefüllung
- ♥ 250 g Mandelcreme
- ♥ 150 g weiße Schokolade
- ♥ 150 g Sahne
- ♥ 1 Päckchen Sahnesteif
- ♥ 1 Päckchen Vanillezucker

ZUBEREITUNG

1 Für den Mandelkuchen den Backofen auf 200 °C Heißluft vorheizen und den Boden einer Springform (ø 20 cm) mit Backpapier auslegen. Die Butter in eine große Metallschüssel geben und im Backofen schmelzen.

2 In der Zwischenzeit die Schokoladenkekse fein zerkleinern und zur geschmolzenen Butter geben. Die Keksbrösel-Butter-Mischung in die Springform geben und mithilfe eines Löffels fest zu einem Boden drücken. Den Keksboden im vorgeheizten Backofen auf mittlerer Schiene 5 Minuten backen. Aus dem Ofen nehmen und beiseitestellen.

3 In der Zwischenzeit die weiße Schokolade hacken und in einer Metallschüssel mithilfe der Restwärme im Backofen schmelzen. Die geschmolzene Schokolade mit der Mandelcreme in der heißen Schüssel mischen und auf den Keksboden streichen. Den Kuchen für 10 Minuten ins Gefrierfach stellen.

4 In der Zwischenzeit die Sahne mit dem Sahnesteif und dem Vanillezucker steif schlagen. Den Kuchen aus dem Gefrierfach nehmen und mit einem Messer vom Rand lösen. Den Kuchen auf eine Kuchenplatte geben und mit der Schlagsahne bestreichen. Innerhalb von 2 Tagen verzehren.

Schneller
TiPP

Statt eines Kuchens können die Zutaten auch im Glas geschichtet werden. Dazu die Kekse zerkleinern und ohne Butter als erste Schicht verwenden. Die Mandel-Schoko-Creme darüber- schichten und die Sahne als Topping verwenden.

Blondies

... oder Brownies mit weißer Schokolade. Dieses Variante steht dem Klassiker in nichts nach.

ZUTATEN

Für 12 Stück

- ♥ 300 g Butter (zimmerwarm)
- ♥ 150 g weiße Schokolade
- ♥ 3 Eier (Größe M)
- ♥ 50 g Zucker
- ♥ 2 Päckchen Vanillezucker
- ♥ 300 g Mehl
- ♥ 2 TL Backpulver
- ♥ 100 g Macadamia-Nüsse
- ♥ 100 g backfeste weiße Schokoladendrops

ZUBEREITUNG

1 Für die Blondies den Backofen auf 200 °C Ober- und Unterhitze vorheizen und ein Backblech mit Backpapier auslegen.

2 Die Butter in kleine Würfel schneiden, die weiße Schokolade hacken und beides zusammen in einer Aluschüssel im noch nicht allzu heißen Backofen schmelzen. Aus dem Ofen nehmen und abkühlen lassen.

3 Inzwischen die Eier mit dem Zucker und dem Vanillezucker schaumig schlagen. Die Butter-Schoko-Mischung dazugeben und unterrühren. Das Mehl mit dem Backpulver mischen und ebenfalls unter den Teig rühren. Zum Schluss vorsichtig die Macadamia-Nüsse und die Schokoladendrops unterheben.

4 Den Teig dünn auf dem Backblech verteilen und im vorgeheizten Backofen auf mittlerer Schiene für etwa 12 bis 15 Minuten backen. Aus dem Ofen nehmen, kurz abkühlen lassen und sofort servieren.

EXOTISCHE Maracuja-CUPCAKES

Urlaubsreif? Mit diesen Cupcakes zaubert ihr in nur 35 Minuten den Geschmack nach Südsee auf den Tisch.

ZUBEREITUNG

1 Für die Maracuja-Cupcakes den Backofen auf 200 °C Heißluft vorheizen. Die Böden eines 12er-Muffinblechs mit Backpapier auslegen. Die Butter in eine mittelgroße Metallschüssel geben und in den Backofen stellen. Eine zweite Metallschüssel (1 l) ins Gefrierfach stellen.

2 In der Zwischenzeit die Butterkekse zerkleinern und mit der geschmolzenen Butter aus dem Ofen vermengen. Die Keksmischung auf die Förmchen verteilen und mithilfe eines Löffels festdrücken. Die Böden für 5 Minuten im vorgeheizten Backofen auf mittlerer Schiene backen. Aus dem Ofen nehmen und beiseitestellen.

3 Den Maracujasaft zusammen mit dem Agavendicksaft (nach Belieben) aufkochen. Dann die Gelatine (Packungsanleitung beachten) dazugeben. Die Fruchtmasse in die eiskalte Schüssel aus dem Gefrierfach geben und etwa 5 Minuten rühren. Die leicht abgekühlte Masse über die Keksböden verteilen und für 10 bis 15 Minuten ins Gefrierfach stellen.

4 In der Zwischenzeit die Sahne mit dem Sahnesteif steif schlagen. Die Kokosmilch vorsichtig öffnen und nur die feste »Sahne«, die sich am oberen Rand gebildet hat, abschöpfen, zur steifen Schlagsahne geben und kurz unterrühren.

5 Die inzwischen ausgekühlten Törtchen aus dem Gefrierfach nehmen, einzeln mit einem Messer am Rand lösen und stürzen. Mit der Sahne und nach Belieben mit frischer Maracuja und Kokosraspeln dekorieren. Am besten sofort verzehren.

ZUTATEN
Für 12 Stück

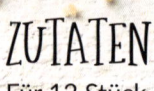

- ♥ 100 g Butterkekse (Fertigprodukt oder siehe Grundrezept S. 7)
- ♥ 70 g Butter
- ♥ 1 l Maracujasaft
- ♥ 4 EL Agavendicksaft
- ♥ 12 Blatt Gelatine
- ♥ 200 g Sahne
- ♥ 1 Päckchen Sahnesteif
- ♥ 2 Dosen Kokosmilch (cremig)
- ♥ Kokosraspel und frische Maracujas zur Dekoration

Schneller TiPP

Statt die Böden des Muffinblechs mit Backpapier aus-
zulegen, können auch
Papierförmchen ver-
wendet werden.

Waffeltorte

mit Birnen

ZUBEREITUNGSZEIT
30 MINUTEN
♥ ♥ ♥

Es gibt nur wenig, das besser schmeckt als eine Waffel – abgesehen von vier Waffeln vielleicht, die raffiniert zu einer leckeren Torte gestapelt wurden.

ZUTATEN

Für 4–6 Stücke

- ♥ 2 Eier (Größe M)
- ♥ 70 g Zucker
- ♥ 1 Päckchen Vanillezucker
- ♥ 200 g Mehl
- ♥ 1 TL Backpulver
- ♥ 100 g Butter, geschmolzen
- ♥ 100 ml Milch
- ♥ 250 g Sahne
- ♥ 1 Päckchen Sahnesteif
- ♥ 250 g Magerquark
- ♥ 50 g Puderzucker
- ♥ 1 TL Zimtpulver
- ♥ 3 mittelgroße Birnen

ZUBEREITUNG

1 Für die Waffeltorte die Eier mit dem Zucker und dem Vanillezucker schaumig schlagen. Das Mehl mit dem Backpulver mischen und zusammen mit der Butter und der Milch zu den Eiern geben und gut unterrühren.

2 Das Waffeleisen vorheizen. Damit aus dem Teig 4 bis 5 Waffeln backen, herausnehmen und auf einem Kuchengitter auskühlen lassen.

3 Für die Füllung die Sahne mit dem Sahnesteif steif schlagen und den Magerquark mit dem Puderzucker sowie dem Zimtpulver zur Schlagsahne geben und unterrühren.

4 Die Birnen schälen, entkernen und das Fruchtfleisch in dünne Schnitze schneiden.

5 Die Torte stapeln: Dazu die erste Waffel auf eine Tortenplatte legen, mit der Creme bestreichen, die Birnenschnitze sternförmig darauf legen und mit der zweiten Waffel bedecken. So verfahren, bis alle Waffeln aufgebraucht sind. Die letzte Waffel oben dünn mit Creme bestreichen und die Torte am besten sofort servieren.

Wer kein Waffeleisen besitzt
oder keine Zeit zum Waffel-
backen hat, kann natürlich
auch auf fertige Waffeln
zurückgreifen.

Buchempfehlungen für dich

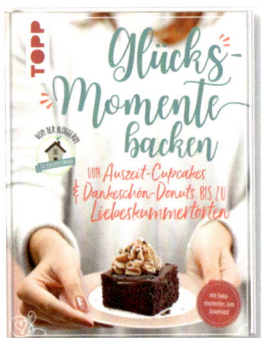

ISBN 978-3-7724-8047-8

ISBN 978-3-7724-8027-0

ISBN 978-3-7724-8034-8

ISBN 978-3-7724-8041-6

ISBN 978-3-7724-8004-1

ISBN 978-3-7724-8057-7

ISBN 978-3-7724-8051-5

ISBN 978-3-7724-8036-2

ISBN 978-3-7724-8043-0

Kreativ-Bücher findest du auf www.TOPP-kreativ.de

Weitere Ideen zum Selbermachen gesucht?

Lieblingsstücke von einfach bis einfach genial finden Sie bei TOPP! Lassen Sie sich auf unserer Verlagswebsite, per Newsletter oder in den sozialen Netzwerken von unserer Vielfalt inspirieren!

Website

Verlockend: Welcher Kreativratgeber soll es für Sie sein? Schauen Sie doch auf **www.TOPP-kreativ.de** vorbei & stöbern Sie durch die neusten Hits der Saison!

TOPP-Autoren

Sie wollen wissen, wer die „Macher" unserer Bücher sind? Wer Ihnen nützliche Tipps & Tricks gibt? Auf **www.TOPP-kreativ.de/Autor** warten jede Menge spannender Infos zum jeweiligen Autor auf Sie. Finden Sie heraus, welches Gesicht hinter Ihrem Lieblingsbuch steckt!

Facebook

Werden Sie Teil unserer Community & erhalten Sie brandaktuelle Informationen rund ums Handarbeiten auf **www.Facebook.com/Mitstrickzentrale** Wer sich für Basteln, Bauen, Verzieren & Dekorieren interessiert, ist auf **www.Facebook.com/Bastelzentrale** genau richtig!

Pinterest

Sie sind auf der Jagd nach den neusten Trends? Sie suchen die besten Kniffe? Die schönsten DIY-Ideen? All' das & noch vieles mehr gibt es von TOPP auf **www.Pinterest.de/Frechverlag**

Newsletter

Bunt, fröhlich & überraschend: Das ist der TOPP-Newsletter! Melden Sie sich unter: **www. TOPP-kreativ.de/Newsletter** an & wir halten Sie regelmäßig mit Tipps & Inspirationen über Ihr Lieblingshobby auf dem Laufenden!

Extras zum Download in der Digitalen Bibliothek

Viele unserer Bücher enthalten digitale Extras: Tutorial-Videos, Vorlagen zum Downloaden, Printables & vieles mehr. Dieses Buch auch? Dann schauen Sie im Impressum des Buches nach. Sofern ein Freischaltcode dort abgebildet ist, geben Sie diesen unter **www.TOPP-kreativ.de/DigiBib** ein. Nach erfolgreicher Registrierung erhalten Sie Zugang zur digitalen Bibliothek & können sofort loslegen.

YouTube

Sie wollen eine ganz neue Technik ausprobieren? Sie arbeiten an einem spannenden Projekt, aber wissen nicht weiter? Unsere Tutorials, Werbetrailer, Interviews & Making Of's auf **www.YouTube.com/Frechverlag** helfen Ihnen garantiert dabei, den passenden Ratgeber von TOPP zu finden.

Instagram

Sie sind auf Instagram unterwegs? Super, TOPP auch. Folgen Sie uns! Sie finden uns auf **www.Instagram.com/Frechverlag** Möchten Sie uns an Ihrem Lieblingsprojekt teilhaben lassen? Am besten posten Sie gleich ein Foto mit dem Hashtag **#frechverlag** & wir stellen Ihr Werk gerne unserer Community vor – yeah!

Alles in einer Hand gibt's hier:

95

DIE AUTORIN

Jasmin Schlaich verbrachte schon als Kind viel Zeit in der Küche, um gemeinsam mit ihrer Mutter wundervolle Kuchen zu backen. Heute verwöhnt sie vor allem Freunde und Kollegen mit ihren Backkreationen. Seit 2014 teilt sie ihre Leidenschaft fürs Backen, Fotografieren und Reisen auch auf ihrem Blog *Oh, wie wundervoll* (ohwiewundervoll.com).

KREATIV-HOTLINE

Hilfestellung zu allen Fragen, die Materialien und Bastelbücher betreffen: Frau Erika Noll berät dich.
Rufen Sie an oder schreiben Sie eine E-Mail!
Telefon: 0 50 52 / 91 18 58*

E-Mail: mail@kreativ-service.info
*normale Telefongebühren

IMPRESSUM

Rezepte: Jasmin Schlaich

Fotos: frechverlag GmbH, 70499 Stuttgart; Olga Brecht (Autorenfoto); lichtpunkt, Michael Ruder, Stuttgart (alle übrigen)

Produktmanagement und Lektorat: Christine Rauch

Layoutentwicklung und Satz: Konstanze Laue

Druck und Bindung: Neografia, Slowakei

1. Auflage 2019

© 2019 frechverlag GmbH, Turbinenstraße 7, 70499 Stuttgart

ISBN: 978-3-7724-8060-7 • Best.-Nr. 8060